BEI GRIN MACHT SICH IHR WISSEN BEZAHLT

- Wir veröffentlichen Ihre Hausarbeit,
  Bachelor- und Masterarbeit

- Ihr eigenes eBook und Buch -
  weltweit in allen wichtigen Shops

- Verdienen Sie an jedem Verkauf

Jetzt bei www.GRIN.com hochladen und kostenlos publizieren

Bibliografische Information der Deutschen Nationalbibliothek:

Die Deutsche Bibliothek verzeichnet diese Publikation in der Deutschen National-
bibliografie; detaillierte bibliografische Daten sind im Internet über http://dnb.d-
nb.de/ abrufbar.

Impressum:

Copyright © 2018 GRIN Verlag
Druck und Bindung: Books on Demand GmbH, Norderstedt Germany
ISBN: 9783668849587

Dieses Buch bei GRIN:

https://www.grin.com/document/452144

Aylin Gürkan

Clustering. Die Clusteranalysen K-means und DBSCAN im Vergleich

GRIN Verlag

GRIN - Your knowledge has value

Der GRIN Verlag publiziert seit 1998 wissenschaftliche Arbeiten von Studenten, Hochschullehrern und anderen Akademikern als eBook und gedrucktes Buch. Die Verlagswebsite www.grin.com ist die ideale Plattform zur Veröffentlichung von Hausarbeiten, Abschlussarbeiten, wissenschaftlichen Aufsätzen, Dissertationen und Fachbüchern.

Besuchen Sie uns im Internet:

http://www.grin.com/

http://www.facebook.com/grincom

http://www.twitter.com/grin_com

Clustering

Wissenschaftliche Ausarbeitung
im
Studiengang Wirtschaftsinformatik
Fakultät Informatik
Hochschule Reutlingen

Tag der Abgabe: 29. November 2018

Inhalt

1 Einleitung

Die Clusteranalyse wird als Segmentierungsverfahren definiert. In diesem Verfahren werden die zu untersuchenden Daten in verschiedene Gruppen aufgeteilt. Die Gruppeneinteilung wird von Backhaus et al (2003) so definiert:

„Die Mitglieder einer Gruppe sollen dabei eine weitgehend verwandte Eigenschaftsstruktur aufweisen; d.h. sich möglichst ähnlich sein. Zwischen den Gruppen sollen demgegenüber (so gut wie) keine Ähnlichkeiten bestehen. Ein wesentliches Charakteristikum der Clusteranalyse ist die gleichzeitige Heranziehung aller vorliegenden Eigenschaften zur Gruppenbildung. [...] Bei allen Problemstellungen, die mit Hilfe der Clusteranalyse gelöst werden können, geht es immer um die Analyse einer heterogenen Gesamtheit von Objekten (z.B. Personen, Unternehmen), mit dem Ziel, homogene Teilmengen von Objekten aus der Objektgesamtheit zu identifizieren." [1]

1.1 Was ist eine Clusteranalyse

Um Clusteranalyse zu verstehen, sollte vorerst definiert werden, was unter einem „Cluster" verstanden wird. Ein Cluster ist eine Sammlung von Datenobjekten, die ähnliche Eigenschaften besitzen. Das bedeutet, dass sich die Objekte innerhalb derselben Gruppe ähneln. Sie unterscheiden sich jedoch sehr mit den Objekten in anderen Clustern.

Ziel der Clusteranalyse, die auch Clustering oder Datensegmentierung genannt wird, die Objekte in eine homogene Gruppe zu teilen. Die Clusteranalyse besteht darin, Datenpunkte in eine Gruppe von Clustern oder Gruppen zu partitionieren. Um Objekte Clustern zu können, müssen diese über Proximitätsmaße (Euklidischer Abstand, Manhattan-Abstand) miteinander verglichen werden. Objekte mit geringer Distanz zueinander werden dabei in ein Cluster eingeteilt.

Mittels Clusteranalyse kann man klassifizieren ohne die Klassen vorher zu kennen, dies wird auch nichtüberwachtes Lernen (Unsupervised Learning) genannt. In dem Sinne gibt es beim Clustering auch keine Trainingsdaten. Dies ist sehr verschieden von der Klassifizierung, die überwachtes Lernen erfordert. Es ist nicht sinnvoll das Clusterverfahren bei allen Datensätzen anzuwenden, denn manche Datensätze weisen keine Struktur auf und sind nur

---

[1] Backhaus (2003), S.453

zufällig angeordnete Punkte, wo kein Cluster erkennbar ist. Die Folge wäre, dass der Datensatz falsch geclustert wird und die natürliche Datenstruktur nicht wiedergegeben werden kann. Auf der linken Seite der Abbildung 1 sieht man Datenpunkte, die mittels Clusteranalyse in vier Clustern eingeteilt wurden. Diese vier Cluster ähneln sich in ihren Eigenschaften. Je nach Methode können diese Objekte zu einem oder mehreren Clustern gehören. In dieser Arbeit werden beide Methoden wie K-Means und DBSCAN untersucht, angewendet und anschließend verglichen. [2]

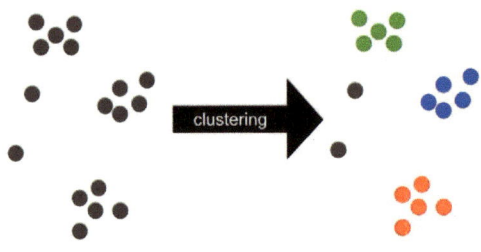

Abbildung 1: Clusteranalyse[3]

1.2 Proximitätsmaße

Bevor man Clustering durchführt, muss man im Voraus definieren, wie nah zwei Objekte zueinander sind. Ein Beispiel ist die Entfernung zwischen Baltimore und Washington DC zu ermitteln. Die Längenmaße für Washington DC und Baltimore wird in dem folgenden Beispiel als Y bezeichnet, die Breitenmaße werden mit X bezeichnet, siehe Abbildung 3. Wenn man die Differenz der Entfernung in Längenrichtung und den Abstand in der Breite nimmt, hat man zwei Messungen der Entfernung zwischen Baltimore und Washington DC. Um diese zu kombinieren, müsste man beide Messungen zusammenfassen. Doch dann kann es der Fall sein, dass diese Entfernung negativ ausfällt und dass sie sich gegenseitig auslöschen.

Die Lösung ist, diese zu quadrieren. Somit hat man immer positive Entfernungen, die jedoch nicht unbedingt im selben Maßstab sind. Daher nimmt man daraus die Quadratwurzel. Die Lösung nennt man auch euklidische Distanz. Um die Ähnlichkeit oder Verschiedenheiten von zwei und mehreren Objekten zu beurteilen, werden unterschiedliche Proximitätsmaße

---

[2] Sarsted (2014)
[3] Vgl: http://www.datamining4u.nl/data-mining-clusteranalyse.php

verwendet. Man kann die Manhattan-Distanz oder die euklidische Distanz verwenden, oft wird aber die euklidische Distanz verwendet. [4]

$$\sqrt{(X_1 - X_2)^2 + (Y_1 - Y_2)^2}$$

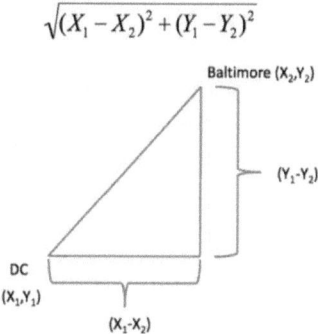

Abbildung 2: Euklidische Distanz[5]

[4] Vgl: http://www.staedtestatistik.de/fileadmin/vdst/ag-methodik/Leitfaeden/2008_AGMethodik_LeitfadenClusteranalyse_Teil2.pdf

[5] Vgl: http://jtleek.com/genstats_site/lecture_notes/01_12_Clustering.pdf

2 Partitionierendes Clustering

Die Partitionierungsmethode besteht im Wesentlichen darin, eine Menge von Daten in eine vordefinierte Anzahl von Clustern einzuteilen, d.h. die Clusteranzahl k muss vor dem Start festgelegt werden. Wenn sich eine Gruppierung durch weiteres Verschieben von Objekten nicht mehr verbessern lässt und ein vorgegebenes Optimum erreicht ist, endet das Verfahren. Es ist von der Startpartition abhängig und sehr rechenintensiv. Bei dieser Methode weiß man jedoch nicht, welcher Wert von k optimal ist. Daher sollte man ein iteratives Verfahren verwenden, bei der die Objekte iterativ immer wieder neu zugeordnet werden, bis das Clustering und die Bewertungsfunktion optimal ist. K-Means, ein beliebter Clustering Algorithmus, der dieses Verfahren implementiert. Im nächsten Kapitel wird dieser Algorithmus beschrieben und untersucht.[6]

2.1 K-Means Algorithmus

$$ J = \sum_{i=1}^{k} \sum_{\mathbf{x}_j \in S_i} \left\| \mathbf{x}_j - \boldsymbol{\mu}_i \right\|^2 $$

Abbildung 3: Zielfunktion[7]

K-Means ist ein bekanntes, nichtüberwachtes Verfahren zum partitionierenden Clustern. In dem folgenden Abschnitt wird die K-Means Clustering Methode vorgestellt und untersucht. Aus Anschauungsgründen wird auf den 2-dimensionalen Euklidischen Raum beschränkt.

Die Besonderheit des K-Means ist es, dass er schnell die Zentren der Cluster findet. Durch die Einfachheit des K-Means Algorithmus ist es mit Abstand der beliebteste und bei weitem am häufigsten verwendete Cluster-Algorithmus.[8]
Zu Beginn muss die Anzahl der Cluster (Parameter K) bekannt sein. Um die Datenpunkte, die sich in demselben Gebiet befinden, einem Cluster zuordnen zu können, sollte für jeden Cluster gute Zentroide (Clusterzentren) gefunden werden. Im Folgenden Beispiel werden die Daten in zwei Cluster (K=2) aufgeteilt, man hat also zwei Zentroide. Der Schwerpunkt spielt beim Finden von geeigneten Clusterzentren eine wichtige Rolle. K-Means ist ein

---

[6] Vgl: http://campar.in.tum.de/twiki/pub/Far/MachineLearningWiSe2003/oender_ausarbeitung.pdf

[7] Vgl: https://de.wikipedia.org/wiki/K-Means-Algorithmus

[8] Vgl: http://www.statistics4u.com/fundstat_eng/ee_kmeans_clustering.html

iterativer Algorithmus. Das bedeutet, dass der Grundschritt wiederholt durchlaufen wird, bis sich die Zentren nicht mehr oder nur noch wenig verschieben. Erst dann hat man sein gewünschtes Ergebnis erreicht.

Durch die Zielfunktion wird das Ziel eines Clusterverfahrens ausgedrückt. Das Ziel ist es die Funktion in Abbildung 4 zu minimieren. Eine typische Zielfunktion ist die Summe der quadratischen Abstände zum Zentrum SSE (Sum of Squared Errors), die auch Fehlerquadratsumme genannt wird. [9]

$$SSE = \sum_{i=1}^{K} \sum_{x \in C_i} dist(c_i, x)^2$$

Abbildung 4: Fehlerquadratsumme[10]

wobei C_i das i-te Cluster ist und c_i das Zentrum des i-ten Clusters ist der euklidische Abstand.[11]

Mit der Clusteranalyse soll die „beste Anpassung" ermittelt werden. Dies geschieht durch wiederholte Berechnungen (Iterationen), um die Gruppen (Segmente) näher zu bringen. Wenn die Segmentwerte genau übereinstimmen, wäre die Summe des quadratischen Fehlers (SSE) gleich null. Das bedeutet, dass es keine Fehler gibt und es somit die perfekte Übereinstimmung ist. Doch mit realen Daten ist dies sehr unwahrscheinlich, daher muss nach einem Segmentierungsansatz gesucht werden, der eine niedrigere SSE aufweist. Je niedriger die SSE ist, desto ähnlicher sind die „Verbraucher" in diesem Marktsegment (Cluster). Eine hohe SSE würde bedeuten, dass es kein brauchbares Cluster ist. Der niedrigste Wert des SSE wird erreicht, indem man die Zentren als arithmetisches Mittel der Clusterpunkte wählt.[12]

Der Algorithmus läuft folgendermaßen ab:

---

[9] Vgl: https://hlab.stanford.edu/brian/error_sum_of_squares.html

[10] Vgl: https://hlab.stanford.edu/brian/error_sum_of_squares.html

[11] Vgl: https://www-m9.ma.tum.de/material/felix-klein/clustering/Methoden/K-Means.php

[12] Vgl: http://www.clusteranalysis4marketing.com/interpretation/sum-of-squared-error-sse/

1. K = die Anzahl der Cluster wird festgelegt
2. Zufällige Auswahl von k Clusterzentren
3. Die Euklidischen Abstände werden von den Clusterzentren zu jedem einzelnen Datenobjekt berechnet. Somit wird jedes Datenobjekt zu einem Clusterzentrum zugeordnet, der am nächsten vorliegt
4. Für jeden Cluster werden neue Clusterzentren berechnet, dies geschieht durch die Mittelwertbildung aller Datenobjekte in einem Cluster
5. Schritt 3 wird solange wiederholt, bis sich die Zuordnung der Datenobjekte stabil bleibt, ansonsten bricht sie ab.[13]

Abbildung 6 zeigt die Arbeitsweise des K-Means Algorithmus. Bild (a) zeigt die Datenobjekte. In Bild (b) sieht man zu zufällig gewählten Clusterzentren, die als Kreuze dargestellt sind. In Bild (c-f) sieht man bereits, wie sich die Zentren sich jedes Mal verschieben und die Datenobjekte sich zuordnen. In Bild (f) befinden sich die Zentren gut in der Mitte der Datenobjekte. Somit ist auch eine stabile Situation erreicht.

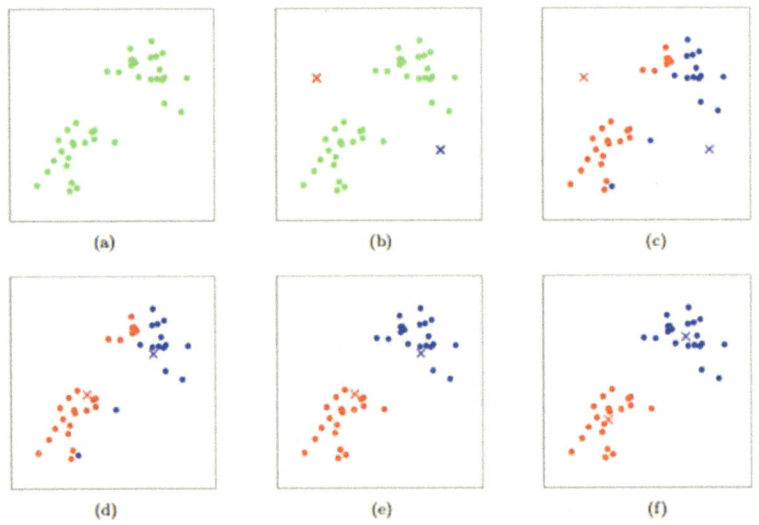

Abbildung 5: Arbeitsweise des K-means Algorithmus[14]

---

[13] Vgl: http://www.statistics4u.com/fundstat_eng/ee_kmeans_clustering.html

[14] Vgl: http://stanford.edu/~cpiech/cs221/handouts/kmeans.html

Vorteile

- Einfach und intuitiv
- Ziemlich effizienter Algorithmus: In $O(tKn)$ pro Iteration, n ist die Anzahl der Objekte, K die Anzahl der Cluster und t die Anzahl der Iterationen. K,t << n, die Anzahl der Cluster sowie die Anzahl der Iterationen ist viel kleiner wie die Anzahl der Objekte
- Der Algorithmus terminiert oft bei einem lokalen Optimum.[15]

Nachteile

- Ein Wesentlicher Nachteil ist, dass das Ergebnis der Clusterbildung von den Startpositionen abhängt. Daher sollte man immer einige Versuche mit unterschiedlichen Startpositionen machen.
- Die Anzahl der Cluster muss im Voraus definiert sein
- Ausreißer haben großen Einfluss auf SSE
- K-Means hat Probleme Cluster zu erkennen, keine kugelförmige Struktur haben[16]

2.2 Initialisierung des K-Means

Die Qualität des K-Means Clustering hängt stark davon ab, welche Anzahl der Cluster man im Voraus definiert. Für unterschiedliche Initialisierungen werden unterschiedliche Ergebnisse berechnet. Um die optimale Anzahl der Cluster in den Daten zu finden, muss der Benutzer den Algorithmus für einen Bereich von K-Werten ausführen und die Ergebnisse vergleichen. Eine der Metriken, die zum Vergleichen von Ergebnissen verwendet wird, ist der mittlere Abstand zwischen Datenpunkten und ihrem Clusterzentrum. Diese Metrik kann nicht als einziges Ziel verwendet werden, stattdessen wird der mittlere Abstand zum Clusterzentrum als Funktion von K aufgetragen. Somit wird der "elbow point", an dem sich die Abnahmerate stark ändert, verwendet, um K grob zu bestimmen.[17]

---

[15] Vgl: https://de.slideshare.net/kasunrangawijeweera/k-means-clustering-algorithm

[16] Vgl: http://optiv.de/Methoden/ClustMet/index.htm?14

[17] Vgl: https://www.datascience.com/blog/k-means-clustering

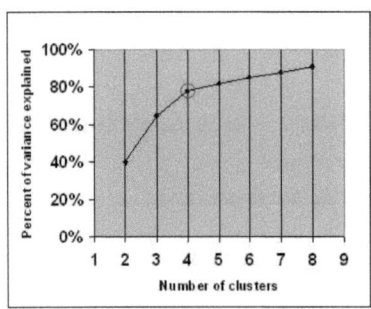

Abbildung 6: Die Ellenbogen Methoden (Elbow Method)[18]

"Elbow Method" - Der "Ellenbogen" wird durch den roten Kreis angezeigt. Die Anzahl der ausgewählten Cluster sollte 4 betragen.

2.3 K-Means Umsetzung in R

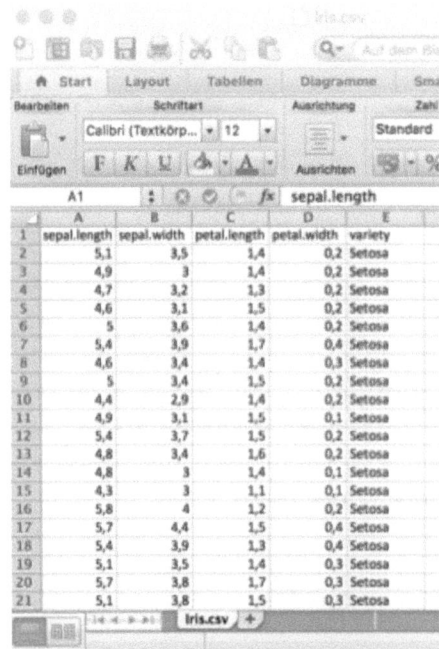

Abbildung 7: CSV-Datei der Iris Daten[19]

---

[18] Vgl: https://en.wikipedia.org/wiki/Elbow_method_(clustering)

Zunächst werden die Iris Daten mit der Funktion data(iris) geladen. Mit der Funktion dim(iris) wird die Dimension des Objektes festlegt bzw. abgerufen.[20] Die Funktion summary in R mit dem Parameter iris fasst die Ergebnisse zusammen. Hier sieht man jeweils zu den vier Attributen zum Beispiel die Mean Werte. In Species kann man sehen, dass 50 Blumen zu der Art Setosa, 50 zu Versicolor und 50 zu Virginica gehören. Die Funktion head(iris) gibt den ersten Teil der Tabelle zurück. [21]Falls man fehlende Werte hat (in dem Beispiel nichtzutreffend) dann sollte man diese mit der folgenden Funktion entfernen:

iris <- na.omit(iris)

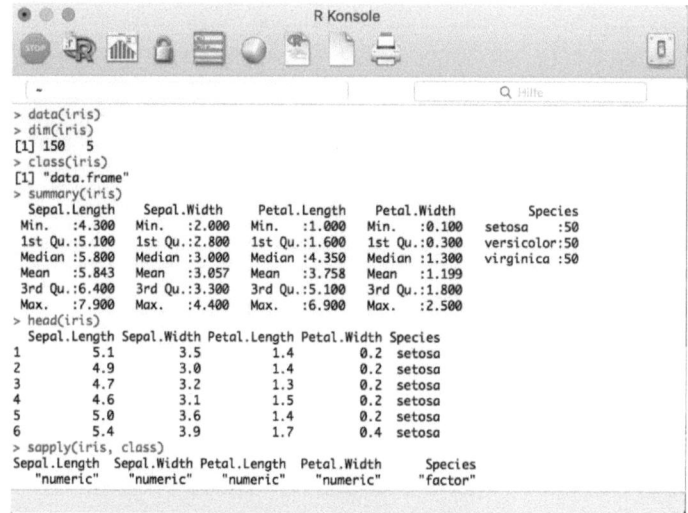

Abbildung 8: Laden und Anzeigen der Datensätze Iris[22]

Plot ist eine generische Funktion zum Plotten von R-Objekten.[23] In diesem Beispiel plottet man die sepal Länge und die sepal Breite wie es in Abbildung 12 zu sehen ist. Als nächstes speichert man die iris Daten in iris.features. Da das Clustering eine Art des unüberwachten Lernens ist, benötigt man während der Ausführung des Algorithmus keine Klassenbezeichnung/Ausgabe (Species). Daher setzt man die Species auf NULL. Somit entfallen sie in dem Iris Datenbestand, siehe Abbildung 13.

---

[19] Eigene Darstellung in R
[20] Vgl: https://www.rdocumentation.org/packages/base/versions/3.5.0/topics/dim

[21] Vgl: https://www.rdocumentation.org/packages/utils/versions/3.5.0/topics/head

[22] Eigene Darstellung in R
[23] Vgl: https://www.rdocumentation.org/packages/graphics/versions/3.5.0/topics/plot

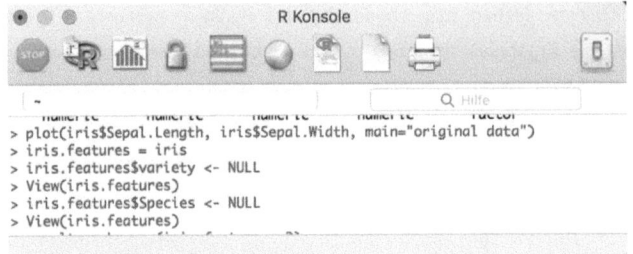

```
> plot(iris$Sepal.Length, iris$Sepal.Width, main="original data")
> iris.features = iris
> iris.features$variety <- NULL
> View(iris.features)
> iris.features$Species <- NULL
> View(iris.features)
```

Abbildung 9: Konsolenausgabe [24]

	Sepal.Length	Sepal.Width	Petal.Length	Petal.Width	Species
1	5.1	3.5	1.4	0.2	setosa
2	4.9	3.0	1.4	0.2	setosa
3	4.7	3.2	1.3	0.2	setosa
4	4.6	3.1	1.5	0.2	setosa
5	5.0	3.6	1.4	0.2	setosa
6	5.4	3.9	1.7	0.4	setosa
7	4.6	3.4	1.4	0.3	setosa
8	5.0	3.4	1.5	0.2	setosa
9	4.4	2.9	1.4	0.2	setosa
10	4.9	3.1	1.5	0.1	setosa

	Sepal.Length	Sepal.Width	Petal.Length	Petal.Width
1	5.1	3.5	1.4	0.2
2	4.9	3.0	1.4	0.2
3	4.7	3.2	1.3	0.2
4	4.6	3.1	1.5	0.2
5	5.0	3.6	1.4	0.2
6	5.4	3.9	1.7	0.4
7	4.6	3.4	1.4	0.3
8	5.0	3.4	1.5	0.2
9	4.4	2.9	1.4	0.2
10	4.9	3.1	1.5	0.1

Abbildung 10:Abbildung der Iris Daten [25]

Nun wird der K-Means Algorithmus auf die Daten angewendet. Hierfür ruft man die kmeans Funktion in R auf und übergibt die Parameter iris.features und 3. Der zweite Parameter ist die Anzahl der Cluster, die bei K-Means im Voraus definiert sein muss. Diese Funktion wird in result gespeichert und anschließend auch ausgegeben, siehe Abbildung 14. Die K-Means Funktion verfügt auch über eine nstart Option, die mehrere Versuche durchführt und die Beste abfängt. Wenn man den Parameter nstart = 100 hinzufügt, werden 100 Anfangskonfigurationen generiert.

---

[24] Eigene Darstellung in R
[25] Eigene Darstellung in R

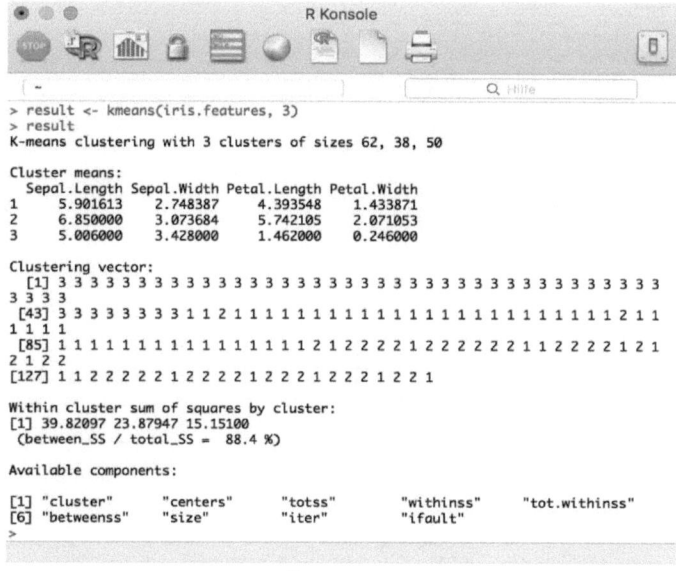

```
                                              R Konsole

  ~                                              Q Hilfe

> result <- kmeans(iris.features, 3)
> result
K-means clustering with 3 clusters of sizes 62, 38, 50

Cluster means:
  Sepal.Length Sepal.Width Petal.Length Petal.Width
1     5.901613    2.748387     4.393548    1.433871
2     6.850000    3.073684     5.742105    2.071053
3     5.006000    3.428000     1.462000    0.246000

Clustering vector:
  [1] 3 3 3 3 3 3 3 3 3 3 3 3 3 3 3 3 3 3 3 3 3 3 3 3 3 3 3 3 3 3 3 3 3 3 3 3 3 3 3 3 3 3
 3 3 3 3
 [43] 3 3 3 3 3 3 3 3 1 1 2 1 1 1 1 1 1 1 1 1 1 1 1 1 1 1 1 1 1 1 1 1 1 1 1 1 1 1 2 1 1
 1 1 1 1
 [85] 1 1 1 1 1 1 1 1 1 1 1 1 1 1 1 1 1 2 1 2 2 2 2 1 2 2 2 2 2 2 1 1 2 2 2 2 1 2 1
 2 1 2 2
[127] 1 1 2 2 2 2 2 1 2 2 2 2 1 2 2 2 1 2 2 2 1 2 2 1
```

Within cluster sum of squares by cluster:
[1] 39.82097 23.87947 15.15100
 (between_SS / total_SS = 88.4 %)

Available components:

[1] "cluster"   "centers"   "totss"   "withinss"   "tot.withinss"
[6] "betweenss"   "size"   "iter"   "ifault"
>

Abbildung 11: Funktionsaufruf kmeans[26]

Um die Cluster in R darstellen zu können, ruft man die folgende Funktion auf.

→ plot(iris[c("Sepal.Length","Sepal.Width")], col=result$cluster)

Abbildung 15 zeigt links die ursprünglichen Daten und rechts die Daten in drei Clustern.

---

[26] Eigene Darstellung in R

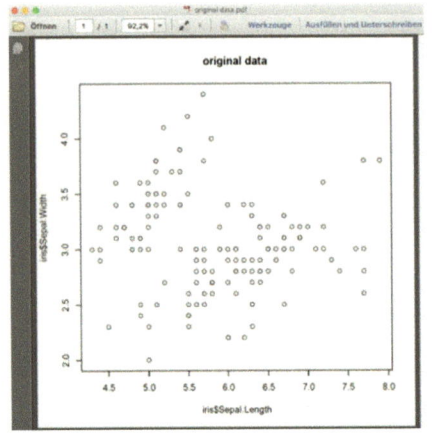
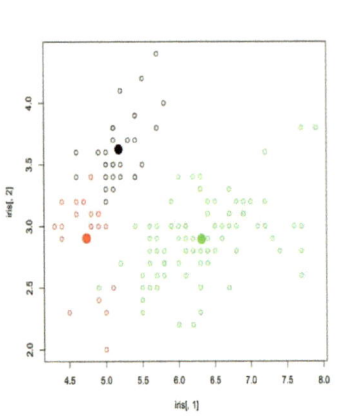

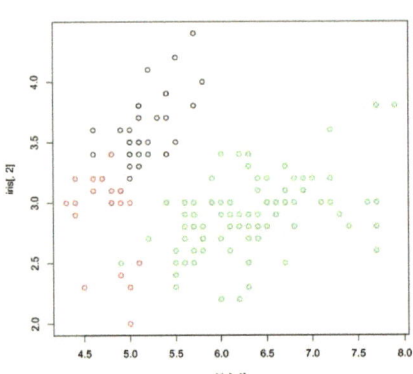

Abbildung 12: Abbildung der Datenpunkte[27]

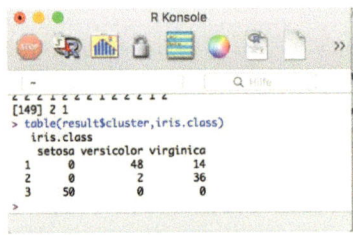

Abbildung 13: Funktionsaufruf table[28]

---

[27] Eigene Darstellung in R

13

Das Ergebnis der Tabelle aus Abbildung 16 zeigt, dass Cluster 3 zu Setosa gehört, Cluster 1 zu Versicolor und Cluster 2 zu Virginica.

Die Gesamtzahl der korrekt klassifizierten Instanzen ist:
36+48+50 = 134

Die Gesamtzahl der falsch klassifizierten Instanzen sind:
2+14 = 16

Somit beträgt die Genauigkeit (Accuracy) = 134/(134+16)= 0,89 welches bedeutet, dass das Modell eine Genauigkeit von 89% erreicht hat.

---

[28] Eigene Darstellung in R

3   Der Iris Datensatz

Iris Versicolor   **Iris Setosa**   **Iris Virginica**

Abbildung 14: Arten von Schwertlilien[29]

Es handelt sich bei der Iris Datensatz um drei verschiedene Arten von Blumen wie Iris Setosa, Iris Versicolor und Iris Virginica. Es gibt 150 Blumen mit vier Attributen. Diese vier Attribute sind: petal.length, petal.width, sepal.length und sepal.width. Diese Angaben sind in Maßeinheit Zentimeter (cm). Unter petal versteht man das Kronblatt und unter sepal das Kelchblatt der Pflanze, wie es in Abbildung 9 zu sehen ist.[30] Die CSV-Datei der Iris Daten sieht wie in Abbildung 10 dargestellt ist, aus.

---

[29] Vgl: http://oliviaklose.azurewebsites.net/machine-learning-2-supervised-versus-unsupervised-learning

[30] Vgl: http://archive.ics.uci.edu/ml/datasets/Iris

4 Dichtebasiertes Clustering DBSCAN

DBSCAN (Density-Based Spatial Clustering und Application with Noise) ist ein auf Dichte basierender Clustering-Algorithmus entwickelt von Ester et al. 1996, der für Identifikation von Cluster beliebiger Form in einem Datensatz mit Rauschen und Ausreißern genutzt werden kann.[31]

Der Algorithmus unterteilt einen Datensatz in Untergruppen von Regionen mit hoher Dichte.

Die folgenden zwei wichtigen Parameter sind im Algorithmus DBSCAN beteiligt: **epsilon (ε)** und die Mindestzahl von Punkten **(minPts)**, die zur Bildung eines Clusters erforderlich ist.

ε ist ein Distanzparameter, der den Suchradius für Nachbarn in der Nähe definiert. Wir können uns vorstellen, dass jeder Datenpunkt einen Kreis mit dem um ihn gezeichneten Radius ε hat. Mit ε und minPts ist das möglich jeden Datenpunkt wie folgt unterteilen:

- **Kernpunkt** - ein Punkt, der mindestens eine Mindestanzahl anderer Punkte (minPts) innerhalb seines ε-Radius hat.
- **Randpunkt** - ein Punkt liegt innerhalb des Radius ε eines Kernpunkts, ABER hat weniger als die Mindestanzahl anderer Punkte (minPts) innerhalb seines eigenen Radius ε.
- **Rauschpunkt** - ein Punkt, der weder Kernpunkt noch Grenzpunkt ist.

In der folgenden Abbildung mit minPts = 3, werden die blauen Punkte als Kernpunkte, die schwarzen Punkte als Grenzpunkte und die weißen Punkte als Rauschpunkte klassifiziert.

---

[31] Vgl: https://www.datanovia.com/en/lessons/dbscan-density-based-clustering-essentials/#parameter-estimation

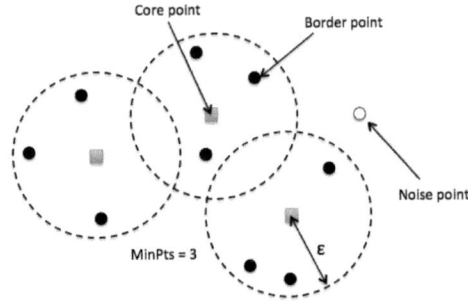

Abbildung 15: DBSCAN: Core, Border and Noise Point[32]

4.1 Dichteerreichbarkeit

Jeder Kernpunkt bildet zusammen mit den Punkten, die innerhalb seines Radius ε erreichbar sind, ein Cluster.

Zwei Punkte werden als „direkt erreichbare Dichte" betrachtet, wenn einer der Punkte ein Kernpunkt ist und der andere Punkt innerhalb seines ε-Radius liegt. Größere Cluster bilden sich, wenn direkt dicht erreichbare Punkte miteinander verkettet sind. In der Beispielabbildung unten gibt es zwei Cluster:

1. p ist direkt Dichte erreichbar von m, was direkt ab Dichte erreichbar von q ist. Die Punktsätze innerhalb des ε-Radius von p → m → q bilden ein Cluster.

2. r und s sind indirekt über einen Pfad von 4 Kernpunkten dicht erreichbar.

---

[32] Vgl: https://www.quora.com/How-does-DBSCAN-algorithm-work

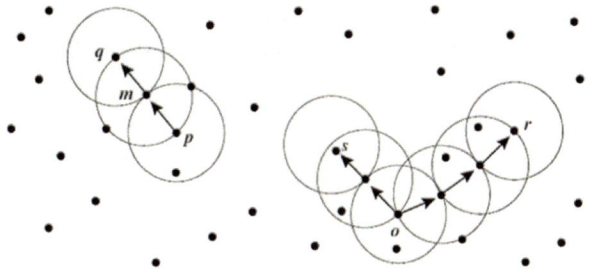

Abbildung 16: Dichte Erreichbarkeit[33]

Der DBSCAN-Algorithmus wiederholt den folgenden Vorgang, bis alle Punkte einem Cluster zugewiesen oder als besucht gekennzeichnet sind:

1. Zufällig einen Punkt P auswählen.
2. Alle Punkte abrufen, die direkt von P in Bezug auf ε erreichbar sind.
3. Wenn P ein Kernpunkt ist, wird ein Cluster gebildet. Finde rekursiv alle seine Dichte verbundenen Punkte und ordne sie demselben Cluster wie P zu.
4. Wenn P kein Kernpunkt ist, durchläuft DBSCAN die verbleibenden nicht besuchten Punkte in der Datenmenge.[34]

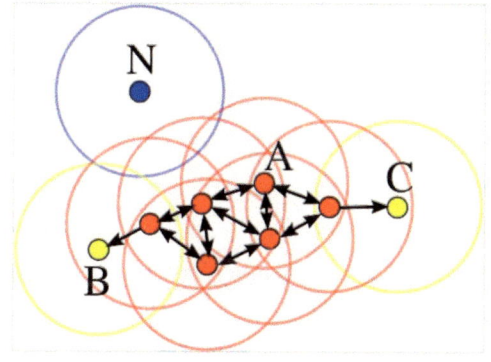

Abbildung 17: Darstellung DBSCAN Algorithmus[35]

---

[33] Vgl: https://www.quora.com/How-does-DBSCAN-algorithm-work

[34] Vgl: https://www.quora.com/How-does-DBSCAN-algorithm-work

Die roten Punkte gehören zu den Kernobjekten, die gelben Punkte sind dichterreichbar und der blaue Punkt N gehört zum Rauschen. Die Punkte B und C sind über A dichte verbunden und zählen somit zum gleichen Cluster. (minPits=3 oder minPits=4).[36]

DBSCAN **erfordert nicht**, dass wir die **Anzahl der Cluster angeben**. Es eignet sich gut zum Finden von beliebig geformten Clustern, während es auch für Ausreißer robust ist. Die Nachteile von DBSCAN sind, dass wir ε auswählen müssen und Cluster mit unterschiedlichen Dichten nicht richtig zuweisen können. OPTICS und HDBSCAN sind Algorithmen, die DBSCAN erweitern, um diese Probleme zu beheben.[37]

4.2 DBSCAN Umsetzung in R

In folgendem werden wir demonstrieren wie man das Algorithmus DBSSCAN für Durchführung des dichtebasiertes Clustering in der **R** Umgebung umsetzen kann.

Für die Erstellung von Vorhersagen verwenden wir den klassischen Fisher-Iris-Datensatz. Unser Algorithmus sollte vier Eigenschaften einer bestimmten Blüte akzeptieren und vorhersagen, zu welcher Klasse (Typ der Iris) sie gehört.

Wir laden als erstes die Bibliothek DBSCAN, das Paket DBSCAN wurde zuvor installiert.

```
> library(dbscan)
> iris_matrix <- as.matrix(iris[, -5])
> kNNdistplot(iris_matrix, k=4)
> abline(h=0.4, col="red")
> |
```

Abbildung 18: DBSCAN Algorithmus[38]

---

[35] Vgl: https://de.wikipedia.org/wiki/DBSCAN

[36] Vgl: https://de.wikipedia.org/wiki/DBSCAN

[37] Vgl: https://www.quora.com/How-does-DBSCAN-algorithm-work

[38] Eigene Darstellung R

kNNdisplot kann verwendet werden, um einen geeigneten Wert für die eps-Umgebung für DBSCAN zu finden. Sucht nach dem „Knie" in dem Plot.

Funktion as.matrix versucht, sein Argument in eine Matrix zu verwandeln. Die Funktion abline fügt eine oder mehrere gerade Linien durch die aktuelle Zeichnung hinzu. h repräsentiert der y-Wert für die horizontale Linie und v- der x-Wert für vertikale Linie.

Funktion set.seed wird verwendet um zufällig eine Probe aus der Datensatz auszuwählen. Der Seed setzt den Generator auf einen zufälligen Startpunkt, um Simulationen reproduzierbar zu machen. [39]

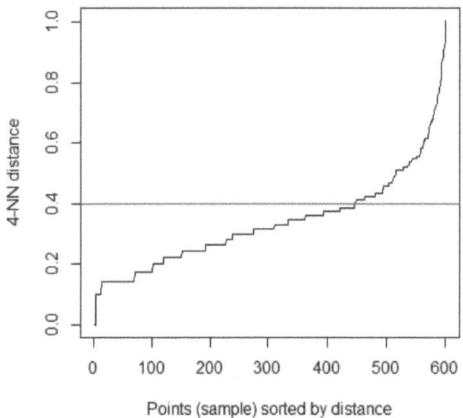

Abbildung 19: kNN Parameterwahl[40]

Die Abbildung 19 demonstriert den optimale Eps Wert=0.4

---

[39] Vgl: https://www.rdocumentation.org/packages/dbscan/versions/0.9-0/topics/kNNdistplot

[40] Eigene Darstellung in R

```
> set.seed(1234)
> db = dbscan(iris_matrix, 0.4, 4)
> db
DBSCAN clustering for 150 objects.
Parameters: eps = 0.4, minPts = 4
The clustering contains 4 cluster(s) and 25 noise points.

 0  1  2  3  4
25 47 38 36  4

Available fields: cluster, eps, minPts
>
```

Abbildung 20: DBSCAN Algorithmus

Das Ergebnis zeigt, dass DBSCAN vier Cluster gefunden hat und 25 Fälle als Rauschen oder Ausreißer zugeteilt hat. Das Diagramm wird durch folgende Funktion gezeichnet:

```
> hullplot(iris_matrix, db$cluster)
>
```

Abbildung 21: DBSCAN Algorithmus[42]

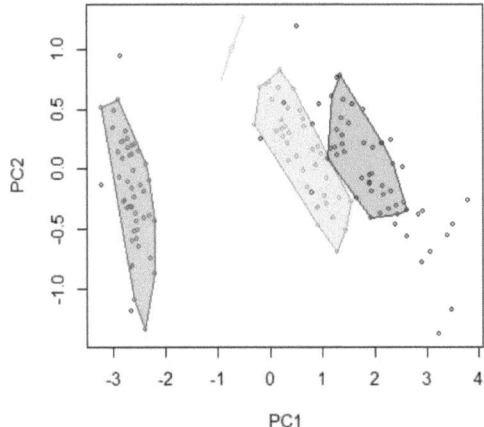

Convex Cluster Hulls

Abbildung 22: DBSCAN Clustering[43]

---

[41] Eigene Darstellung in R
[42] Eigene Darstellung in R

Die Ergebnisse zeigen, dass die Trennung gut ist, schwarze Punkte stellen die Ausreißer dar. Als letztes zuletzt vergleichen wir mithilfe der Funktion table die Datenmenge in jedem Cluster.

```
> table(iris$Species, db$cluster)

             0  1  2  3  4
  setosa     3 47  0  0  0
  versicolor 5  0 38  3  4
  virginica 17  0  0 33  0
>
```

Abbildung 23: DBSCAN Algorithmus[44] [45]

Aus der Abbildung können wir sehen wie die Iris Typen in den Cluster verteilt sind. Cluster 0 zeigt die Verteilung von Ausreißer.

---

[43] Eigene Darstellung R

[44] Eigene Darstellung R

[45] Vgl: https://en.proft.me/2017/02/3/density-based-clustering-r/

5 Fazit

Nachdem wir nun die beiden Cluster Methoden näher betrachtet haben, können wir sagen, dass beide gute bis sehr gute Ergebnisse liefern. Das K-Means Partitionierungsbasierter Clustering Algorithmus ist erforderlich um die Anzahl der endgültigen Cluster vorab zu bestimmen. Diese Algorithmen bringen auch Schwächen mit sich. Ihre Schwächen liegen hauptsächlich bei der Anfälligkeit für lokale Optima, Speicherplatz, eine Unbekannte Anzahl von Iterationsschritten und sind sehr empfindlich bei Ausreißern.

Eine Einschränkung von DBSCAN besteht darin, dass der Algorithmus für die Wahl von ε empfindlich ist, insbesondere wenn Cluster unterschiedliche Dichten haben. Kleinere Wert ε führt dazu, dass es keine Kernpunkte gibst und alle Punkte als Rauschen definiert werden. Wenn ε zu groß ist, können dichtere Cluster zusammengefügt werden. Dies bedeutet, dass bei Clustern mit unterschiedlichen lokalen Dichten ein einzelner ε-Wert möglicherweise nicht ausreicht. Dieses Algorithmus ist somit für unregelmäßig geformte Cluster mit ähnlicher Dichte gut geeignet .[46] Im Gegensatz zu DBSCAN scheitert K-Means beim Erkennen nicht sphärischen Clusters. DBSCAN ist jedoch langsamer als K-means, skaliert aber trotzdem auch für relativ große Datensätze.[47]

Clusteringverfahren finden seine Anwendung in vielen Forschungsbereichen. Zum Beispiel kommen solche Anwendungen in der Bioinformatik zum Einsatz, wo man Gene mit noch unbekannter Funktion in Cluster zusammenfasst, um Ähnlichkeit zwischen Genen aufzuklären. Eine weitere Anwendung ist im Bereich der Marktforschung möglich. Man bildet Cluster von Käufer, um Gemeinsamkeiten und typischen Verhaltensmustern von Kundengruppen zu beobachten. [48]

---

[46] Vgl: https://www.datanovia.com/en/lessons/dbscan-density-based-clustering-essentials/

[47] Einführung in Machine Learning mit Python" By By Sarah Guido, Andreas Müller, O'Reilly, July 2017

[48] Vgl: http://www.alpha-epsilon.de/files/vs1-MachineLearning.pdf

Abbildungsverzeichnis

Quellenverzeichnis

Literaturverzeichnis

[Ba99]   Bauer, K.: Softwareergonomie, 13. Auflage, Abus-Verlag, Berlin, 1999

[Bh3]   Backhaus, K., Erichson, B., Plinke, W., Weiber, R.: Multivariante Analysemethoden: Eine anwendungsorientierte Einführung. Berlin, Heidelberg, New York: Springer, 2003

[ML17]   Einführung in Machine Learning mit Python" By Sarah Guido, Andreas Müller, O'Reilly, July 2017

[ME14]   Sarsted, M., Mooi, E.: A Concise Guide to Market Research, Springer-Verlag Berlin Heidelberg, 2014

Verzeichnis der Internetquellen

[CI13]   Clustering and Applications (Abruf 09.05.18):
http://www.met.edu/Institutes/ICS/NCNHIT/papers/39.pdf

[CLA]   Clusteranalyse (Abruf 28.11.18):
https://www-m9.ma.tum.de/material/felix-klein/clustering/Methoden/K-Means.php

[CLAM]   Cluster Analysis for Marketing (Abruf 28.11.18):
http://www.clusteranalysis4marketing.com/interpretation/sum-of-squared-error-sse/

[CLV]   Clusterverfahren (Abruf 28.11.18):
http://optiv.de/Methoden/ClustMet/index.htm?14

[CO04]   Clustering (Abruf 28.11.18):
http://campar.in.tum.de/twiki/pub/Far/MachineLearningWiSe2003/oender_ausarbeitung.pdf

[DB]   DBSCAN (Abruf 26.11.2018)
https://de.wikipedia.org/wiki/DBSCAN

[DBA]   How-does-DBSCAN-algorithm-work (Abruf 26.11.2018)
https://www.quora.com/How-does-DBSCAN-algorithm-work

[DBC]   Density-based clustering in R 2004 (Abruf 26.11.2018) https://en.proft.me/2017/02/3/density-based-clustering-r/

[DBCE]   DBSCAN: Density-Based Clustering Essentials (Abruf26.11.2018)
https://www.datanovia.com/en/lessons/dbscan-density-based-clustering-essentials/

[DM14]   Data mining clusteranalyse (Abruf 28.11.18):
http://www.datamining4u.nl/data-mining-clusteranalyse.php

[EM]   Elbow method (Clustering) (Abruf 28.11.18):
https://en.wikipedia.org/wiki/Elbow_method_ (clustering)

[ML11]   Eine Einführung ins Machine Learning 2011 (Abruf 28.11.2018)
http://www.alpha-epsilon.de/files/vs1-MachineLearning.pdf

[LF2]   Leitfaden Clusteranalyse – Teil 2 (Abruf 28.11.18):
             http://www.staedtestatistik.de/fileadmin/vdst/agmethodik/Leitfaeden/2008_AGMethodik_Leitfade
             nClusteranalyse_Teil2.pdf

[IKM]   Introduction to K-means Clustering (Abruf 28.11.18):
             https://www.datascience.com/blog/k-means-clustering

[KM]   K-Means-Algorithmus (Abruf 28.11.18):
             https://de.wikipedia.org/wiki/K-Means-Algorithmus

[KMB]   K-Means - the basic idea (Abruf 28.11.18):
             http://stanford.edu/~cpiech/cs221/handouts/kmeans.html

[KMC]   k-Means Clustering (Abruf 28.11.18):
             http://www.statistics4u.com/fundstat_eng/ee_kmeans_clustering.html

[KMCA]   K-Means Clustering Algorithm (Abruf 28.11.18):

             https://de.slideshare.net/kasunrangawijeweera/k-means-clustering-algorithm
[MA15]   Mathematische Grundlagen (Abruf: 10.05.18):
             http://www.coli.uni-saarland.de/~crocker/mathe3/L9-clustering.pdf

[ML2]   Machine Learning (2) – Supervised versus Unsupervised Learning (Abruf: 28.11.18):

             http://oliviaklose.azurewebsites.net/machine-learning-2-supervised-versus-unsupervised-
             learning

[JL121]   Clustering (Abruf: 28.11.18):
             http://jtleek.com/genstats_site/lecture_notes/01_12_Clustering.pdf

[RD1]   RDocumentation dim (Abruf 28.11.18):
             https://www.rdocumentation.org/packages/base/versions/3.5.0/topics/dim

[RD2]   RDocumentation head (Abruf 28.11.18):

             https://www.rdocumentation.org/packages/utils/versions/3.5.0/topics/head

[RD3]   RDocumentation plot (Abruf 28.11.18):

             https://www.rdocumentation.org/packages/graphics/versions/3.5.0/topics/plot

[RD4[RDokumentation kNNdistplot (Abruf 28.11.2018)

             https://www.rdocumentation.org/packages/dbscan/versions/0.9-0/topics/kNNdistplot

[SSE]   Error Sum of Squares (Abruf: 28.11.18):
             https://hlab.stanford.edu/brian/error_sum_of_squares.html

[UCI]   Iris Data Set (Abruf 28.11.18):
             http://archive.ics.uci.edu/ml/datasets/Iris